AF316079

QUELQUES CRITIQUES

Sur le projet de loi portant révision de la loi du 30 juin 1838

SUR LES ALIÉNÉS

PAR

J.-Camille JACOB

Docteur en médecine de la Faculté de Paris
Ancien interne des Asiles d'Aliénés

PARIS

OLLIER-HENRY, LIBRAIRE-ÉDITEUR

11, 13, rue de l'École de Médecine, 11, 13

—

1890

QUELQUES CRITIQUES

Sur le projet de loi portant révision de la loi du 30 juin 1838

SUR LES ALIÉNÉS

PAR

J.-Camille JACOB

Docteur en médecine de la Faculté de Paris

Ancien interne des Asiles d'Aliénés

PARIS

OLLIER-HENRY, LIBRAIRE-ÉDITEUR

11, 13, rue de l'École de Médecine, 11, 13

—

1890

A LA MÉMOIRE DE MON PÈRE ET DE MA MÈRE

A MES SŒURS

A MES PARENTS

A MES AMIS

A MON PRÉSIDENT DE THÈSE

M. LE DOCTEUR BALL

Professeur de clinique des maladies mentales
Médecin de l'hôpital Laennec
Membre de l'Académie

Témoignagne de mon respect et de ma reconnaissance.

A M. LE DOCTEUR ROUILLARD

Chef de clinique des maladies mentales
Médecin adjoint de l'asile Sainte-Anne.

INTRODUCTION

A l'époque à laquelle nous vivons, le rôle du médecin a considérablement grandi et a pris dans la vie
sociale une importance considérable. Le médecin est
devenu l'oracle et parfois l'arbitre des administrations
pour toutes les questions d'hygiène et de médecine
légale. Aussi pensons-nous que nos juges accueille-
ront favorablement le sujet de notre thèse inaugurale.
Il s'agit là en effet d'une question qui est ou devrait
être au moins purement médicale, question déjà tant
étudiée par les aliénistes, et si d'après notre code
« nul n'est censé ignorer la loi », il n'est permis à
aucun médecin d'ignorer la législation sur les aliénés. — Le sujet que nous abordons aujourd'hui est
plein d'actualité, non seulement à cause des mouve-
ments divers d'opinion créés autour des aliénés par
la presse, mais encore par ce fait que la discussion
du projet de loi que nous allons examiner, est inscrite

à l'ordre du jour de la Chambre des députés, pour sa rentrée prochaine.

Le long temps que nous avons passé en qualité d'interne dans les asiles publics d'aliénés, et la fréquentation journalière depuis plusieurs mois de la clinique des maladies mentales, nous ont familiarisé avec ces questions. Cette thèse inaugurale est donc le couronnement de nos études de pathologie mentale, et nous espérons trouver de la part de nos juges un encouragement à persévérer dans cette voie.

Que M. le professeur Ball nous permette de le remercier sincèrement pour la bienveillance qu'il nous a toujours montrée depuis que nous fréquentons son service, pour les encouragements qu'il nous a prodigués et pour l'honneur qu'il nous fait en acceptant la présidence de notre thèse.

Nos remerciements à M. le docteur Rouillard, chef de clinique et médecin adjoint de Sainte-Anne, qui a inspiré ce travail et nous a aidé de ses conseils.

Nous ne pouvons discuter tous les articles du projet de loi, et nous nous sommes cantonné dans la critique de ceux qui intéressent le plus la médecine. — Nous donnons à la fin de notre thèse le texte de plusieurs de ces articles.

I

APERÇU GÉNÉRAL SUR LA LOI DE 1838

« La loi du 30 juin 1838 marque une grande date
« dans l'histoire des aliénés en France. Conçue dans
« les vues les plus humaines, préparée avec des soins
« exceptionnels par des esprits très éclairés, cette loi
« a été admirée à juste titre et prise pour modèle à
« l'étranger.

« ... La commission du Sénat, chargée d'examiner
« le projet du gouvernement, a consacré à cette tâche
« deux années d'études consécutives. Elle partage, en
« la terminant, l'opinion exprimée dans l'exposé des
« motifs ministériels sur la valeur de la loi qu'il
« s'agit de réviser, sur ses bienfaits et sur le respect
« qui lui est dû. C'est dans un sentiment de justice
« envers nos devanciers que nous venons rendre
« compte des travaux de la commission... »

Nous ne pouvions mieux faire en débutant que de

citer ces justes et belles paroles de M. le sénateur Th. Roussel, et de les prendre pour ainsi dire pour épigraphe. Comme lui, il nous faut rendre hommage à cette pauvre loi de 1838, si honnie, si vilipendée, traînée sur la claie, et dans ces derniers temps chargée de toutes les iniquités d'Israël, par une presse trop peu renseignée, et encore moins impartiale. MM. Dupré, Roussel, Delsol, Sarrien, Cazelles, ont rendu justice à cette loi humanitaire qui, à l'époque de son apparition, a résolu de si grands progrès que la plupart des nations se sont empressées de nous en emprunter tout ou partie. C'est grâce à elle que le fou a été élevé à la dignité de malade et que les asiles ont cessé d'être des ménageries de bêtes féroces en cage. Une des prescriptions fondamentales de la loi de 1838 est celle-ci : Aucun aliéné ne devra être maintenu dans une prison. Aujourd'hui le contraire paraîtrait monstrueux. Mais à cette époque, un grand nombre de prisons servaient de dépôts d'aliénés, et l'on ne peut se figurer même l'importance d'une telle réforme.

Le grand reproche adressé par le public à la loi de 1838 est la facilité des séquestrations arbitraires fort possibles, dit-on, étant donné le peu de formalités qu'exige le placement d'un aliéné. Or, depuis l'année 1838, il a été effectué plus de 350,000 admissions d'aliénés dans les asiles publics et privés, et malgré ce nombre colossal, la commission d'enquête n'a pu relever dans les établissements d'aliénés un seul cas de séquestration illégale juridiquement constaté.

Un deuxième reproche, celui-ci mérité, peut être fait à la loi de 1838. Nous ne pouvons mieux faire que de reproduire ces quelques lignes d'un mémoire de M. de Crisenoy (1) :

« Le défaut capital de la loi est d'avoir établi un
« système de surveillance et de contrôle qui n'existe
« que sur le papier, et ne fonctionne pas réellement,
« et cela pour deux motifs : le premier est qu'on a
« confié la surveillance à un trop grand nombre de
« personnes, d'où il résulte qu'aucune d'elles en par-
« ticulier n'en a la responsabilité ; le second, que ne
« voulant pas faire les frais de cette surveillance, on
« en a imposé la charge à certains fonctionnaires, à
« titre de supplément de fonction, ou gratuitement à
« des personnes de bonne volonté. Or, on peut être
« certain qu'en fait, tout service exigeant un travail
« régulier et qui n'est pas rémunéré ne s'exécute
« pas. »

Et cela est parfaitement juste. Si quelquefois la loi de 1838 n'a pas donné les résultats qu'on attendait d'elle, c'est qu'elle n'a pas toujours été appliquée. Lorsqu'elle a été créée, le service d'inspection était brillamment personnifié en un seul homme, mais quel homme, Ferrus ! On n'a pas réfléchi qu'on n'aurait

____

(1) Annales médico-psychologiques. Janvier 1886, page 60.

JACOB.

2

pas toujours un Ferrus. Plus tard il est vrai, en 1848, on nomma trois inspecteurs, et chacun connaît le beau rapport, véritable monument qui restera, de MM. Constans, Lunier, Dumesnil. Mais quel que soit le zèle des inspecteurs, comme ils sont chargés en même temps d'inspecter d'autres services non moins importants, leur temps ne peut être consacré tout entier aux aliénés. Quant aux inspections organisées plus spécialement dans chaque département, on sait qu'elles sont souvent irrégulières et incomplètes. Nous avons connu un procureur de la République dans un département montagneux, qui en cinq années ne visita jamais l'asile de son département, déléguant chaque fois le juge de paix, pour s'éviter un voyage d'une journée.

Les commissions départementales de surveillance sont composées de trop de membres, et leurs obligations ne sont que morales. Quant à leurs visites (une fois par an) elles sont souvent trop superficielles ! — N'y a-t-il pas dans un de nos grands asiles de province un interne en médecine, qui est en même temps maire de la commune où est situé l'asile, et comme tel chargé d'inspecter son médecin en chef et son directeur ! — Certainement il y avait de ce côté des réformes à faire, ou plutôt des lacunes à combler, des fonctions à préciser et à bien délimiter, ce que n'a pas fait la loi de 1838: mais ce à quoi il ne fallait pas toucher, ce qu'il fallait respecter, c'était l'esprit de la loi.

— Voyons donc comment le projet de loi nouveau a modifié la loi ancienne.

II

DES PLACEMENTS

La loi de 1838, tout en prenant vis-à-vis de l'aliéné les mesures les plus justes et le soin le plus jaloux pour sauvegarder autant que possible sa santé et ses biens, avait eu soin aussi de sauvegarder l'intérêt général et de défendre la société contre l'aliéné. Le nouveau projet de loi, hanté de la terreur morbide des séquestrations arbitraires, nous montre une tendance bien nette à protéger l'aliéné contre les aliénistes. Quant à la question de protéger la société contre les aliénés, elle nous semble avoir été trop négligée. La loi de 1838, était une loi médicale pour ainsi dire, laissant au médecin une autorité considérable mais accompagnée de responsabilité, dans une question en somme purement médicale. Le nouveau projet de loi est un acte de défiance vis-à-vis des aliénistes.

Une des grandes innovations de la loi nouvelle (se

lon l'expression de son auteur M. Th. Roussel) consiste dans les modifications apportées aux placements,
et notamment aux placements volontaires, (articles
16 à 29).

L'article 16 en particulier demande quelques formalités plus compliquées que l'article 8 de l'ancienne
loi qu'il est destiné à remplacer :

La demande de placement sera visée par le juge de
paix, ou le maire, ou le commissaire de police; le certificat médical est remplacé par un rapport au procureur de la République, fait par un docteur en médecine, indiquant les symptômes observés et les preuves
de folie constatées personnellement par le signataire,
les phases de la maladie et l'envoi du malade dans un
asile. La dernière visite du médecin ne doit pas dater
de plus de huit jours, le rapport n'étant valable que
pour huit jours. — On aurait mauvaise grâce à repro-
cher ce surcroît de précautions. Mais il est probable
que ces fameux rapports seront quelquefois bien peu
scientifiques. A chaque instant on voit des certificats
délivrés par des médecins étrangers à la médecine
mentale, et devant lesquels il est difficile de tenir son
sérieux tant ils dénotent d'ignorance de notre spécialité.

Nous pensons, ainsi que M. le professeur Ball,
qu'il eut été bon de réserver à certains médecins dési-
gnés d'avance le droit de délivrer les certificats. On
aurait pu puiser largement les éléments de cette orga-

nisation dans le personnel des asiles et des experts près les tribunaux.

L'article 18 prescrit que : « Les personnes admises « dans les établissements d'aliénés, conformément « aux dispositions des articles précédents, ne le sont « qu'à titre provisoire, et sont, en conséquence, pla- « cées dans un quartier d'observation. » — Voilà une sage et belle disposition, mais, comment sera-t-elle appliquée ? — Le projet de loi ressemble à ces méde- cins qui prescrivent à des pauvres des biftecks et du Bordeaux. Nous voudrions bien voir ce quartier d'ob- servation ! Il faudra d'abord le créer, ce qui consti- tuera une grosse dépense. Ensuite il faut considérer deux cas qui peuvent se présenter. Ou bien il s'agit d'un asile public. Comment sera constitué ce quartier d'observation ? Il devra être assez grand, car les moin- dres de nos asiles publics contiennent 4 à 500 pen- sionnaires, ce qui représente un certain chiffre d'en- trées. Or l'objectif de la loi paraît être d'éviter à l'individu présumé aliéné le contact des aliénés re- connus tels ; et si plusieurs malades sont ensemble dans le quartier d'observation, cet objectif n'est pas atteint. Ces mêmes malades ne peuvent être tous dans le même état. On violera donc une des dispositions fondamentales de la loi, des règlements et des usages, qui stipulent que les malades soient répartis en catégo- ries de tranquilles, demi-tranquilles, agités et gâteux. Dans le quartier d'observation, ils seront tous pêle-mêle. — Mais, s'agit-il d'une maison de santé particulière? (et ce sont elles que visent surtout ces articles) où sera ce quartier d'observation? On ne peut contraindre les directeurs de maisons particulières à laisser leurs immeubles improductifs, ou bien ils seront forcés d'élever leurs prix, ce qui sera préjudiciable aux malades, privés du confortable que donne une maison privée, et forcés de prendre l'asile public. Aucune maison privée ne pourra être en règle avec cet article de la loi. Il ne sera profitable qu'aux départements qui ont installé des pensionnats payants à côté de l'asile public et qui pourront faire aux maisons privées une concurrence qui, venant de l'État, est contraire à nos idées et nos habitudes de liberté et de démocratie.

L'article suivant (article 19) indique de quelle façon le placement provisoire devient un placement définitif. Avant de le critiquer, faisons remarquer qu'en fait, actuellement, sous le régime de la loi de 1838, le placement est provisoire pendant les quinze premiers jours, puisque le médecin traitant doit, dans son certificat de quinzaine, se prononcer formellement pour la maintenue ou la libération de l'aliéné.

« Le tribunal statue d'urgence, en Chambre du
« Conseil, sur la maintenue ou la sortie de la per-
« sonne placée. »

Cette phrase de l'article 19 est peut-être la plus importante de toute la loi. Elle en indique à elle seule l'esprit général et n'est pas autre chose qu'une capitulation du législateur devant la pression des journalistes, et un acte de défiance vis-à-vis du savoir des médecins aliénistes.

Ainsi que le font observer MM. Ball et Rouillard, dans leur rapport que nous avons maintes fois cité, on fait intervenir le magistrat dans les placements, comme si l'aliéné était un inculpé, et comme si le mot d'internement était synonyme d'emprisonnement. On s'est en somme inspiré de la législation adoptée dans la plupart des Etats de l'Amérique du Nord. Mais ce n'était certes pas là qu'il fallait chercher des modèles.

En effet, dans ce pays, c'est le jury qui décide des internements. Il est juste de dire qu'un médecin doit le plus souvent faire partie de ce jury; mais son action est nulle, car il est fatalement en minorité. De plus, par une anomalie invraisemblable, dans tous les Etats où le jury possède ces attributions souveraines, le certificat médical n'est pas même exigé.

MM. Ball et Rouillard nous résument quelques-unes de ces dispositions qui sont pour le moins étranges. — Dans l'Indiana, l'admission des aliénés ordinaires est confiée à la cour du « *circuit* » après examen préalable fait par un juge de paix assisté par un de ses collègues et d'un médecin honorable; si la Cour après examen trouve que la personne est réellement atteinte d'aliénation mentale, elle en fait une déclaration qui permet le placement à l'asile. Mais s'il s'agit d'un aliéné réputé dangereux, on le soumet au jugement d'un jury composé de *dix propriétaires*. C'est pousser un peu loin, dit M. Ball, le respect de la propriété, et l'on ne voit pas très bien quelles sont les lumières spéciales que les jurés propriétaires peuvent apporter au diagnostic de la folie. En Georgie on admet trois catégories de placement. Les aliénés payants ne peuvent être admis qu'après un certificat signé de trois médecins. Les aliénés indigents sont admis en vertu d'un jugement du tribunal local rendu avec ou sans le concours du jury. Enfin les *nègres* sont reçus sur un simple certificat des autorités locales. — Pourquoi ces distinctions fondées sur la fortune ou la couleur? Toutes les conditions sociales ne sont-elles pas égales devant la folie?

Sans aller jusqu'à cette législation bouffonne, le projet de loi du Sénat français nous paraît avoir oublié le précepte du fabuliste : « Chacun son métier, etc. » Nous ne mettons pas en doute l'honorabilité et l'intégrité de la magistrature, mais, si elle peut commettre des erreurs judiciaires, à quelles erreurs de diagnostic n'est-elle pas exposée? L'incompétence du magistrat en psychiatrie est notoire, et l'on peut déjà se faire une idée des séances du tribunal d'arrondissement. Ou bien les juges comprenant que le médecin est mieux à même de statuer sur un aliéné, et occupés d'ailleurs de questions non moins importantes, se contenteront de ratifier, les yeux fermés, la décision médicale qui prescrit l'internement, et alors on a compliqué d'un rouage inutile une procédure déjà fort compliquée. Ou bien les juges, cédant à cette manie des gens du monde, de connaître l'aliénation mentale, analyseront les rapports et voudront réellement juger la question; et nous assisterons à des conflits journaliers entre la justice et la médecine, et ce ne sera pas pour le plus grand bien du malade.

M. Barbier, ex-premier président de la Cour de cassation, et président de la commission de surveillance des Asiles d'aliénés de la Seine, a protesté (1) contre cette mesure qui enlève toute initiative au médecin, et, chose plus grave lui enlève, en même temps, toute responsabilité. Que le magistrat soit délégué par l'État pour inspecter et surveiller les médecins, nous y souscrivons de bonne grâce, mais nous ne pouvons admettre que le magistrat juge une question médicale, pas plus qu'il n'admettrait lui-même que le médecin tranchât une question de droit.

L'article 16 donne droit à tout aliéné conscient de son état, de se faire recevoir dans un asile. Cette mesure, excellente au premier abord, comble une lacune de la loi de 1838 et est la conséquence naturelle des travaux entrepris par Trélat père, et depuis lui, sur la folie lucide. Mais cet article donnera lieu sans doute à de nombreux abus. La porte est ainsi

(1) Congrès International de médecine mentale tenu en 1889 au Collège de France.

ouverte, comme le fait avec raison remarquer M. le docteur Baume, aux simulateurs, aux farceurs, aux paresseux. Nous savons tous par expérience combien les alcooliques abusent de l'asile où ils trouvent une bonne nourriture, un bon gîte, l'oisiveté et l'absence de soucis.

Enfin nous ne pouvons quitter cette question sans citer l'article 50 qui exige, pour la réintégration d'un aliéné évadé depuis plus de quinze jours, les mêmes formalités que pour un premier internement. Comme le dit M. le docteur Rouillard (1), cet article constitue une véritable prime offerte à l'évasion. Or on sait que les évadés sont presque toujours des persécutés, c'est-à-dire, des malades des plus dangereux, qui pourront à leur aise se moquer du médecin. Ne pas réintégrer un évadé de quinze jours (qui ne peut être guéri dans ce laps de temps si court), c'est avouer implicitement qu'il n'était pas malade et que sa séquestration était illégale, ce dont l'administration préfectorale serait aussi responsable que le médecin.

(1) ROUILLARD. — La loi sur les aliénés. Chronique de l'*Encéphale,* N° de décembre 1888.

III

DES ATTRIBUTIONS DES MÉDECINS DIRECTEURS

Les établissements réservés au traitement des aliénés devaient-ils être dirigés par une autorité purement administrative ou purement médicale ? Tel est le problème qu'ont dû se poser les auteurs de la loi du 30 juin 1838.

Malheureusement ce problème dont la solution a une importance capitale n'a pas été tranché par eux d'une manière catégorique. L'article 2 de la loi 1838 dit en effet (1) : « Les établissements publics d'aliénés sont placés sous la direction de l'autorité publique. »

Un pareil texte laissait la porte largement ouverte à toutes les interprétations. C'est du reste ce qui a eu lieu au début de l'application de la loi 1838. L'admi-

(1) Loi du 30 juin 1838. — Article 11.

nistration supérieure d'alors donna la direction des nouveaux établissements à toutes sortes de personnes excepté aux médecins aliénistes et ce ne fût que par la force des choses qu'elle fût amenée à confier à ces derniers la direction administrative des asiles. (1).

Tous ces tâtonnement qui n'ont pas encore disparu de nos jours, ont été fort préjudiciables au traitement des aliénés.

Foville dans son rapport de 1884 et d'après ce qu'il avait constaté en Angleterre écrivait (2) : « C'est précisément dans les asiles où la direction est partagée, que l'administration laisse le plus à désirer et a été l'occasion d'abus plus ou moins scandaleux. »

En effet, quel est le but que l'on cherche en créant des asiles d'aliénés? Comme l'a dit si justement M. le professeur Ball (3), ce but est triple.

1° La nécessité de protéger la sécurité publique ;

2° La nécessité de protéger l'aliéné contre lui-même ;

3° La nécessité de soigner la folie, qui peut guérir, à la condition d'être soumise à un traitement approprié.

Interner l'aliéné, l'observer et le traiter par des

---

(1) CONSTANS. — « Médecins-directeurs ou directeurs administratifs. » — Annales médico-psychologiques (1888).

(2) FOVILLE. — Rapport d'inspection (1884).

(3) BALL et ROUILLARD. — De la législature comparée sur le placement des aliénés. — Paris (1839).

moyens appropriés, voilà le trépied sur lequel repose toute la thérapeutique des maladies mentales.

Il est donc de toute évidence qu'il y a un intérêt majeur et philanthropique à ce que le directeur d'un établissement d'aliénés soit un médecin aliéniste.

Dès 1839, le ministre qui signa l'ordonnance royale du 18 décembre reconnaissait cette vérité en s'exprimant dans ces termes (1) : « Si dans les asiles consacrés aux affections mentales il est impossible de réunir dans les mêmes mains des attributions de directeur et de médecin, il n'est pas douteux qu'il en résultât plus d'unité et d'ensemble dans la direction de ces maisons ; plus d'harmonie et d'appropriation des détails de tous les services. »

Des conflits regrettables entre directeurs et médecins en chef avaient ouvert les yeux du ministre et dicté ses paroles.

Un autre motif vient s'ajouter au précédent ; pour le public, qui dit directeur d'un établissement, dit chef suprême de cet établissement, et bien que el médecin en chef soit en fait l'égal du directeur, aux yeux du public il passe pour son inférieur dans la hiérarchie. C'est ce sentiment de haute convenance que M. Constans, inspecteur général du service des aliénés, fait ressortir avec talent dans les lignes sui-

____

(1) Article 12 de l'ordonnance royale. (18 décembre 1839).

vantes (1) : « Ne serait-il pas rationnel de penser que plus un établissement spécial a d'importance, plus le chef qui représente sa spécialité devrait avoir de prestige. C'est donc le médecin qui devrait être en posses sion de ce prestige, basé d'ailleurs sur une notoriété indiscutable acquise par l'âge et l'expérience. »

Il est donc évident que sous le triple rapport de l'administration, de la surveillance et du traitement des aliénés les fonctions de directeur doivent être dévolues aux médecins aliénistes. Cette opinion est celle de tous les médecins qui se sont illustrés dans l'étude de l'aliénation mentale.

Esquirol (2), dont on voit toujours apparaître le nom quand il s'agit de médecine mentale, disait : « Il ne doit y avoir qu'un chef de qui tout doit ressortir : le médecin. La division des pouvoirs est pleine d'inconvénients, l'esprit de l'aliéné s'égare, ne sait qui écouter ; la confusion s'établit difficilement entre lui et le médecin. Chez les subalternes, les gens de service, l'esprit d'indépendance trouve des faux-fuyants contre l'obéissance lorsque l'autorité est divisée. »

Falret père (3) dit avec beaucoup d'esprit : « Dans un asile d'aliénés, j'ai beau chercher les fonctions

(1) CONSTANS. — Annales médico-psychologiques (1888).
(2) ESQUIROL. — Des établissements d'aliénés en France reproduit dans le livre : *Des maladies mentales*. Paris, 1838, t. II, p. 399.
(3) FALRET (H.), « Considérations sur les asiles d'aliénés. »
— Annales médico-psychologiques, 1845.

d'un directeur et celles d'un médecin, je ne vois partout que celles du médecin. »

Enfin le rapporteur du cinquième groupe de la deuxième sous-commission du projet de loi portant révision de la loi 1838, M. le docteur Bourneville, synthétise, dans les lignes suivantes de son rapport, ce que nous avons essayé d'établir.

« Tout, dans un asile d'aliénés, doit converger vers le même but : *le traitement des malades...* En effet, dans le traitement des diverses formes de l'aliénation mentale, doivent intervenir non seulement les *agents pharmaceutiques,* mais la discipline intérieure, la *distribution du travail,* l'indication de sa durée, les *promenades,* les *congés* d'essai et de convalescence, les *exercices physiques,* etc. Les *distractions* même, qu'il s'agisse de jeux, de concerts ou de représentation théâtrale, doivent être prescrites ou défendues par le médecin. Tel malade bénéficiera d'une distraction qui exaltera le délire de tel autre. Le travail, si celui qui le répartit n'est pas imbu de ces idées, deviendra bientôt une simple exploitation du malade ; il faut que celui-ci rapporte le plus possible à l'asile ; on le pousse au travail. Résiste-t-il, il est renvoyé pour céder la place à un autre plus docile ou plus robuste, et, peu à peu, le surveillant, oubliant le rôle d'infirmier ou de garde-malade, n'est plus qu'un simple contremaître. »

Nous croyons avoir surabondamment prouvé que

les fonctions de directeur-médecin en chef devaient être confiées aux médecins aliénistes; la thérapeutique des maladies mentales ne peut être rationnelle et efficace qu'à ce prix.

Le projet de loi portant révision de la loi de 1838 a voulu combler une lacune de cette dernière loi en proposant à l'approbation de l'autorité législative l'article 5 ainsi conçu : « Les asiles publics sont administrés, sous l'autorité du ministre de l'intérieur et des préfets des départements et sous la surveillance de commissions gratuites, par un directeur responsable. »

Le projet de révision ne fait exception que pour les asiles où existent plusieurs médecins en chef. Ces établissements sont très rares et peuvent être considérés comme des exceptions.

Il est à désirer cependant que ces établissements sinon disparaissent, du moins restent à l'état d'exception. Nous ne voyons pas en effet l'avantage qui peut ressortir et pour l'administration et pour l'aliéné de la création nouvelle de ces grandes agglomérations de malades.

En se contentant d'asiles avec une population restreinte d'aliénés, il est assez facile d'annexer à ces asiles des colonies agricoles. Ces colonies, ainsi que le dit avec tant de compétence M. Foville, inspecteur général des asiles, sont un puissant moyen de traitement (1). « Asile fermé et colonie, dit-il, voilà les deux éléments qui doivent marcher parallèlement, se donnant la main, se partageant la population aliénée qui dans ces dispositions doit trouver les conditions de vie les plus favorables. L'idée thérapeutique loin d'être sacrifiée est toujours dominante; survient-il une modification de l'état mental ou de la santé générale exigeant le séjour de l'asile, le malade y est aussitôt renvoyé; l'asile et la colonie, loin de s'exclure, se complètent donc mutuellement. La colonie d'aliénés ainsi comprise n'est donc pas une entreprise d'industrie agricole, c'est une application bienfaisante du travail des champs au traitement de la folie, c'est le perfectionnemen} de cette idée de la ferme dont l'initiative appartient à Ferrus (2). »

Ces colonies existent dans un certain nombre d'asiles en France, à Quatre-Mares, à Auxerre, à Saint-Jacques de Nantes, à Leyme, à Mayenne, etc.

Ces colonies si importantes au point de vue du traitement des malades seraient très difficiles à établir dans les grands asiles possédant un directuer administratif et plusieurs médecins en chef.

L'esprit général de l'article 5 du projet de loi portant révision de la loi de 1838 semble bien opposé à la création de ces grands établissements mais les au-

---

(1) FOVILLE. — Nouveau Dictionnaire de médecine et chirurgie, t. III, page 537.
(2) FERRUS. — Des aliénés. — Paris 1834.

teurs de ce projet de révision n'ont pas été assez caté-
goriques à ce sujet.

IV

DE L'HOSPITALISATION DES IDIOTS ET DES CRÉTINS

Avant la loi de 1838, les gens réputés fous violents, les maniaques dans une période aiguë, les alcooliques, les impulsifs, etc., étaient enfermés dans de véritables prisons où on leur faisait subir souvent des traitements inhumains ; en revanche on ne s'occupait pas du tout des idiots et des crétins qui erraient dans les campagnes où ils étaient un objet de dégoût et de pitié.

La loi de 1838 conçue par des hommes d'élite créa la véritable hospitalisation des aliénés proprement dits mais laissa de côté les idiots et les crétins.

Cependant les autorités médicales et administratives, s'inspirant de l'essence éminemment philanthropique de la nouvelle loi, admirent dans les asiles d'aliénés un nombre de plus en plus grand d'idiots et de crétins.

Il est résulté de cette interprétation généreuse de la loi un encombrement des maisons réservées aux vrais aliénés.

Il y a cependant, au point de vue pathologique et thérapeutique, une différence essentielle entre l'idiot et l'aliéné (1).

Esquirol la caractérisait d'une manière géniale et saisissante en disant (2) : « L'idiot est un pauvre de naissance et l'aliéné un homme ruiné. »

« L'idiotie, dit à son tour notre éminent maître M. le professeur Ball (3), n'est point une perversion ou une abolition de l'intelligence ; c'est une privation plus ou moins absolue des facultés intellectuelles, par suite d'un vice de conformation, d'une atrophie des organes correspondants. »

Chez l'idiot, c'est un arrêt de développement des centres idéateurs ; chez l'aliéné, c'est un trouble, une déviation, un état morbide de ces mêmes centres qui au début étaient normaux et parfois même considérablement développés.

Dans ces conditions, pour cet être inachevé, quelquefois simplement ébauché au point de vue mental,

(1) FOVILLE. — Nouveau dictionnaire de médecine et de chirurgie, t. VIII, p. 304.
(2) ESQUIROL. — Des maladies mentales, t. XV, p. 95.
(3) BALL. — Leçons sur les maladies mentales.

et l'aliéné vrai, la thérapeutique doit-elle être la même ? — Evidemment non (1).

Qu'arrive-t-il en effet la plupart du temps dans les asiles qui n'ont pas une organisation spécialement appropriée au traitement rationnel de ces déshérités? On les assimile forcément aux déments et aux aliénés incurables (2).

Ceci est d'autant plus regrettable que pour les idiots spontanés (3), généralement éducables dans une certaine mesure, on arrive, en les prenant jeunes, à faire évoluer les organes dont le développement semble arrêté et à réprimer les mauvais instincts précoces dès qu'ils s'éveillent.

Ce que nous venons de dire peut s'appliquer dans une grande mesure aux crétins (4)? Ils diffèrent en règle générale des idiots par leur caractère, habituellement doux, non agressif et leur affection pour leurs proches.

La commission dite commission Sarde divise les crétins en trois catégories : 1º Le crétin proprement dit qui ne se reproduit jamais, qui n'a pas de goître, ou n'a qu'un goître très petit et qui est souvent idiot; 2º le demi-crétin, qui se reproduit et présente souvent

(1) BELHOMME. — Thèse inaugurale, 1824. — Essai sur l'idiotie, Paris, 1843.

(2) DELASIAUVE. — Des principes qui doivent présider à l'éducation des idiots.

(3) BALL. — Leçons sur les maladies mentales.

(4) LEVEN. — Parallèle entre l'idiot et le crétin. Thèse de doctorat, Paris 1861.

des organes génitaux très développés, en même temps qu'un goitre souvent énorme; 3° les crétineux, qui ont des traces de goitre et certains traits généraux du crétin.

Le crétin est généralement facilement éducable. On n'a qu'à se rappeler le succès de l'institut fondé par le docteur Guggenbüll (1) sur le sommet de l'Abend-berg, en Suisse.

Certains individus, avec toutes les apparences du crétinisme, peuvent présenter une intelligence normale (2). M. le professeur Ball en cite un exemple remarquable. C'est celui d'un homme possédant les apparences d'un crétin complet et qui dirigeait d'une manière très satisfaisante la comptabilité d'une importante fabrique de Luz.

Nous sommes donc amené à examiner, et c'est ce qu'a fait la commission chargée du projet de loi portant révision de la loi de 1838, quelle est la meilleure méthode d'éducation à appliquer aux idiots et aux crétins.

Il est certain, de prime-abord, que cette éducation ne peut ressembler à celle que l'on donne ordinairement aux enfants normaux. Il faut l'approprier à l'état de ces organisations incomplètes dont on ne saurait faire des êtres complets, mais dont on peut légitime-

(1) GUGGENBULL, Briefe über den Abendberg-Zurich, 1850.
(2) BAILLARGER, Gazette des hôpitaux, 1844-1846-1852.

ment espérer tirer un parti plus ou moins avantageux au point de vue social et au point de vue mental (1).

En 1842, Félix Voisin (2) a traité cette question avec le talent et la compétence qu'on lui connaît, dans un mémoire qu'il publia à l'occasion de l'inauguration du service des idiots à Bicêtre.

En 1846, Séguin (3), dans un ouvrage mémorable intitulé : *Traitement moral, hygiène et éducation des idiots,* a développé d'une manière magistrale et profondément utilitaire les fondements de cette éducation spéciale. Enfin on n'a qu'à parcourir le compte rendu du service des idiots de Bicêtre (4) pour se rendre compte de quel remarquable résultat cette éducation rationnelle est suivie.

Nous ne rentrerons pas dans les détails de cette éducation; qu'il nous suffise de dire que l'hygiène, la gymnastique et les spécialités de travail varié en sont les éléments fondamentaux.

Nous terminerons donc ces quelques réflexions en reproduisant le paragraphe suivant du premier article de la commission chargée d'examiner le projet de loi portant révision de la loi 1838 sur les aliénés.

(1) FÉRRUS, Gazette des hôpitaux, t. XII, p. 327, 1838.
(2) F. VOISIN, Mémoire sur l'idiotie, Bulletin de l'Académie, 1842-1843.
(3) SÉGUIN, Traitement moral, hygiénique et éducation des idiots, Paris, 1846.
(4) BOURNEVILLE, Compte rendu du service des idiots à Bicêtre. Tous les ans depuis 1880.

« L'Etat fera construire un ou plusieurs établissements spéciaux pour l'éducation des jeunes idiots ou
cretins et pour le traitement des épileptiques. »

V

DES ÉPILEPTIQUES

Dans les considérations ci-dessus, nous ne nous sommes occupé que de la thérapeutique à appliquer aux idiots et aux crétins, nous avons réservé le traitement relatif aux épileptiques.

Ce traitement est nettement indiqué dans le paragraphe que nous venons de citer, du projet de loi portant révision de la loi 1838. Il consiste à créer des asiles réservés exclusivement aux épileptiques indigents ou placés par leur famille.

Il est temps en effet que cette question soit considérée par les pouvoirs publics comme une question d'intérêt social et non comme une question médicale ordinaire.

La loi du 30 juin 1838 présentait à ce sujet une lacune regrettable ; cette loi, dit le docteur Lunier (1),

(1) LUNIER. — Des épileptiques (1881).

qui a modifié si profondément la situation des aliénés,
n'a rien fait pour les épileptiques simples ; et, malgré
les réclamations incessantes du corps médical, aujour-
d'hui comme il y a cinquante ans, ils ne sont reçus
dans les asiles que s'ils sont réputés aliénés. Si
encore on y admettait tous ceux qui sont atteints de
folie continue ou transitoire, tous ceux qui, à la suite
de leur accès, présentent une lésion plus ou moins
profonde de l'intelligence et peuvent devenir dangereux pour eux-mêmes ou pour la société on avait déjà
réalisé un progrès incontestable. Mais il n'en est point
ainsi... »

On a fait pour les épileptiques ce qu'on a fait pour
les idiots et les crétins; on a créé pour eux dans les
asiles des quartiers spéciaux. On les a recueillis aussi
dans les hospices lorsqu'ils étaient en état de mal (1).

Ces deux manières d'hospitaliser les épileptiques
étaient également défectueuses. Dans les asiles ils
sont un embarras et un danger. Un embarras; parce
que la plupart de ces établissements ne peuvent les
utiliser pendant l'intervalles de leur accès parce qu'ils
ne sont pas disposés spécialement à cet effet; un danger, parce que souvent ils sont animés de fort mauvais instincts, complotent entre eux et fomentent des
désordres souvent très graves (2). Les vrais aliénés
ne complotent jamais (3).

(1) FOVILLE. — Etudes sur la législation spéciale aux aliénés.
(2) LEGRAND DU SAULE. — Etat mental des épileptiques.
(3, BALL. — Clinique de l'asile Sainte-Anne.

Dans les hospices on rejette habituellement les épileptiques aussitôt qu'ils sont revenus dans une période de calme.

D'un autre côté les épileptiques en liberté sont la source d'inconvénients souvent terribles pour la société et pour eux-mêmes : on connait en effet l'instantanéité des actes agressifs (1) qu'ils commettent sous l'empire d'impulsions irrésistibles. Ils donnent lieu dans certaines formes de leur maladie à des embarras sérieux au point de vue médico-légal.

Nous ne pouvons donc qu'approuver les auteurs du projet de loi portant révision de la loi 1838 quand ils demandent à l'autorité législative la création d'asiles spéciaux pour les épileptiques.

Ils comblent ainsi un lacune de la loi, ils protègent la société contre cette catégorie de malades, ces malades contre eux-mêmes et assurent le seul traitement rationnel que l'on puisse appliquer à leur mal.

______

(1) Voisin, Aug. — De l'épilepsie. — Nouveau dictionnaire de médecine et de chirurgie, t. Ier, p. 889.

VI

DES ALIÉNÉS CRIMINELS

Le projet de loi contient un article (l'art. 38) qui consacre une réforme depuis longtemps demandée par tous les aliénistes. « L'Etat fera construire ou approprier un asile spécial ou plusieurs asiles spéciaux pour les aliénés criminels de l'un et l'autre sexe. »

Mais que faut-il entendre par aliénés dits criminels ?

M. Cottignies, avocat général près la cour d'appel de Besançon, s'exprime ainsi à ce sujet : « Il faut « entendre par aliénés criminels ceux qui ont été « l'objet d'un acquittement ou d'une ordonnance de « non-lieu, comme irresponsables et non les crimi- « nels condamnés qui sont devenus fous pendant leur

détention, Aucune raison, dit-il, n'existe de faire de
« ces derniers une catégorie spéciale. » (1)

Nous ne saurions adopter cette manière de voir.
La distinction entre ces deux classes de malades ne
repose que sur le zèle ou la clairvoyance du juge d'ins-
truction. Cette distinction est absolument factice. Nous
avons vu à la clinique de M. le professeur Ball cinq
paralytiques généraux condamnés pour vols divers et
qui ont été transférés à Sainte-Anne au cours de leur
emprisonnement. Vu l'état déjà avancé dans lequel
ils sont entrés à l'Asile, il est vraisemblable qu'ils
étaient déjà malades au moment de leur arrestation,
mais ni le délire ni les symptômes physiques n'ont
apparu aux yeux peu médicaux des magistrats. Ces
malheureux, tout comme ceux qui ont bénéficié d'une
ordonnance de non-lieu, conservent leur paralysie
générale à laquelle vient s'ajouter un casier judi-
ciaire. Nous ne voyons pas pourquoi ils ne jouiraient
pas des mêmes avantages que les autres.

On fait habituellement une distinction entre les
aliénés criminels, coupables de viol, meurtre, assas-
sinat, incendie et les aliénés que nous appellons délic-
tueux, et qui n'ont commis que des délits. Or cette
distinction, en pratique, n'est pas justifiée. En effet,
elle n'a plus d'intérêt du moment que le sujet n'est

(1) COTTONIES. — *La législation des aliénés au congrès de médecine
mentale*. Besançon 1880.
Voir aussi sur cette question : *Les aliénés*, par L. Dayras, président de
chambre à Besançon. Paris, Dentu 1885.

pas punissable, son irresponsabilité étant admise. Elle ne pourrait être intéressante qu'au point de vue du régime différent à faire suivre, et qu'au point de vue de la discipline intérieure d'un asile.

Or, l'on peut interroger sur ce point n'importe quel médecin d'asile (surtout des asiles de la Seine); il dira préférer avoir dans son service un aliéné assassin plutôt qu'un aliéné condamné pour filouterie. C'est qu'il y a en effet dans les asiles une catégorie fort nombreuse d'individus condamnés pour de petits délits; la plupart alcooliques, et plus souvent ivrognes, sèment le désordre partout, se mutinent contre les chefs de service et excitent à la révolte des individus tels que les délirants persécutés, toujours disposés à se plaindre de quelque chose. M. le docteur Marandon de Montyel, médecin en chef de l'asile de Ville-Évrard (1), en a tracé récemment un tableau saisissant. On se rappelle encore la révolte qui s'est produite il y a deux mois à la Sûreté de Bicêtre, et dont les journaux politiques ont tant parlé. Elle a été fomentée par un malade nommé Joly, qui a subi près de quinze condamnations pour délits divers, et en est à son sixième internement dans un asile. Il y a beaucoup de malades dans les asiles qui, s'ils n'étaient qualifiés aliénés, auraient depuis longtemps subi la peine de la déportation.

(1) *Histoire d'une révolte d'aliénés*, communication à la Société médico-psychologique. Séance de juin 1890.

Quel est donc le régime des aliénés criminels ? —
L'angleterre a la première pris des mesures spéciales
à l'égard de ces malades. Un *Act* du Parlement de
1860 a institué un asile qui fut érigé en 1863 à Broadmoor, à environ 30 milles de Londres, sur un terrain
de 300 acres. Dans la division des hommes les fenêtres sont garnies de solides barreaux de fer, dans la
division des femmes ces barres n'occupent que la moi-
tié de la hauteur. Les malades couchent dans des
chambres de séclusion ayant pour tout meuble un lit
sur le sol, deux petites fenêtres au plafond, ventila-
tion et chauffage à eau chaude, guichet de surveillance
dans la porte. En dix ans il y a eu vingt-trois évasions. Le nombre des gardiens est de un pour cinq
malades, tandis que dans les asiles ordinaires il est
de un pour onze malades. En règle on n'envoie plus à
Broadmoor les individus devenus aliénés pendant
qu'ils subissaient leur peine (1). — Depuis quatre ans
un quartier d'aliénés analogue fonctionne à Berlin,
annexé à la prison Moabit.

La plupart des nations européennes prennent ou
vont prendre des mesures analogues.

En France nous n'avons actuellement que deux
établissemements de ce genre : la Sûreté de Bicêtre
et Gaillon.

Mais la Sureté de Bicêtre ne contient pas que des

(1) Voir LEMONNIER. — Essai sur les modifications à apporter à la loi
de 1838 à l'égard des aliénés criminels. Thèse de Paris 1885.

aliénés criminels, elle contient surtout des malades très dangereux ou très violents. Elle n'est pas très satisfaisante au point de vue de la disposition des locaux. M. le Docteur Charpentier en a récemment montré les inconvénients (1). A Gaillon (Eure), il n'y a qu'un quartier spécial attenant à la maison centrale de détention, et destiné aux criminels devenus aliénés pendant qu'ils subissaient leur peine. Il n'est pas dirigé par un médecin aliéniste.

Il reste donc à créer un ou des asiles spéciaux dont la disposition et la discipline intérieure restent a formuler. En tout cas nous ne pouvons que nous applaudir de voir le nouveau projet de loi consacrer enfin la création de ces asiles qui débarrasseront les asiles actuels de tous ces individus plus criminels qu'aliénés qui rendent si difficile la direction d'un service.

Le nouveau projet de loi règle également une question importante, la question de la sortie des aliénés criminels. — « Lorsque la sortie d'un aliéné criminel « est demandée, le médecin traitant déclare si l'aliéné « est guéri, et s'il est légitimement suspect de « rechute. » Toutes les pièces du dossier sont soumises au tribunal qui peut accorder la sortie, la refuser, la rendre conditionnelle ou surseoir. Ces dispositions reproduisent à peu près le texte proposé par la commission du Sénat qui a mis quatre ans à préparer

____

(1) CHARPENTIER. — *Distribution et isolement des aliénés*. Revue d'hygiène et de police sanitaire, n° de décembre 1889.

son projet. Elles ont été critiquées au congrès de médecine mentale de 1889 par M. le docteur Rouillard (1). Avec des scrupules professionnels qui l'honorent, mais avec une généralité de décision un peu trop absolue, M. le docteur Rouillard propose que tout aliéné assassin ou meurtrier soit maintenu à perpétuité dans un asile de sûreté. L'article 39 de la nouvelle loi, dit-il, demande si l'aliéné est guéri, question à laquelle le médecin peut à la rigueur répondre ; puis s'il est légitimement suspect de rechute, question à laquelle une réponse fondée en science ne peut pas être donnée. On demande en somme au médecin des probabilités. Au lieu de s'en rapporter à une consultation hypothétique, il vaudrait mieux reconnaître, dit M. Rouillard, que le doute subsiste. Lorsqu'il s'agit d'un condamné correctionnel ou d'un condamné criminel de second ordre, le danger social n'est pas assez considérable pour permettre, dans le doute d'une rechute, de refuser la sortie ; mais lorsqu'il s'agit d'un assassin, la gravité du danger oblige dans le doute de le séquestrer pendant toute sa vie.

A l'appui de cette thèse, M. le docteur Rouillard cite quelques exemples saisissants : un homme tue sa

---

(1) ROUILLARD. — *De la sortie des aliénés criminels.* Communication au congrès international de médecine mentale de 1889.

Et : *les aliénés criminels,* leçon faite à l'asile Sainte-Anne en avril 1890.

Voir aussi. — RITTI. — Annales médico-psychologiques, n° de janvier 1890.

femme et ses trois enfants, la nuit, à coups de hache. Cet aliéné est interné à l'asile de Stéphansfeld (Bas-Rhin) et y reste vingt-trois ans, quoique considéré dès les premières années comme guéri. On ne pouvait exiger une plus longue observation et pousser plus loin la prudence. Il est mis en liberté en 1873 par les médecins prussiens. Peu de temps après sa sortie, il se remarie ; un an après son mariage, il tuait la nuit, à coups de hache, dans les mêmes circonstances, sa femme récemment accouchée et son fils âgé de quatre jours !

Le texte de l'article 39 de la loi en préparation n'est peut-être pas inconciliable avec le désir de M. Rouillard de protéger la société contre les chances de rechute des aliénés meurtriers. On demandera au médecin traitant si son malade est *légitimement suspect de rechute,* le mot suspect indique que le médecin n'a pas besoin d'avoir des certitudes de rechute. Libre à lui d'être plus difficile lorsqu'il s'agira de la mise en liberté d'un assassin ; il appréciera le danger éventuel. En fait, il pourra arriver au résultat demandé par M. Rouillard mais il nous semble dangereux de fermer la porte à toute sortie par un texte. Ce ne serait pas respecter l'opinion du médecin, ce serait lui imposer une décision. La thérapeutique psychologique peut faire des progrès, et le traitement de ce qui aujourd'hui semble incurable peut être trouvé. Il ne faut pas qu'un texte absolu défende à la science de progresser et enlève toute initiative au médecin.

VII

PRINCIPAUX ARTICLES DU PROJET DE LOI

ARTICLE 6

Les médecins-directeurs, les directeurs, les médecins en chef et adjoints des asiles publics, les médecins en chef-préposés responsables, les préposés responsables et les médecins adjoints des quartiers d'hospice, les médecins en chef et adjoints des établissements privés faisant fonction d'établissements publics, sont nommés par le Ministre de l'Intérieur.

Les médecins adjoints sont nommés sur une liste de présentation dressée à la suite d'un concours public.

Les médecins en chef sont nommés sur une liste de présentation dressée par le Comité supérieur des aliénés.

Dans les asiles publics, les secrétaires en chef, les économes, les receveurs, les pharmaciens, les employés de bureau, les surveillants en chef, sont nommés par le préfet, sur une liste de présentation dressée par le directeur responsable et par la Commission de surveillance.

Les préposés-gardiens et servants sont nommés par le directeur.

ARTICLE 8

Un aliéné peut être traité dans un domicile privé sans qu'il en soit fait déclaration lorsque le tuteur, autorisé par le conseil de famille à se charger du traitement, le conjoint, l'un des ascendants ou l'un des descendants, le frère ou la sœur du malade à son domicile dans la même maison et préside personnellement aux soins qui lui sont donnés.

Toutefois, même dans ces conditions, si la nécessité de tenir le malade enfermé a duré trois mois, le tuteur conjoint ou parent qui préside au traitement est tenu d'en faire la déclaration et de fournir le rapport médical prescrit par les paragraphes 2, 3 et 4, de l'article précédent.

ARTICLE 14

Les chefs responsables des établissements publics et privés consacrés aux aliénés ne peuvent recevoir une personne présentée comme atteinte d'aliénation mentale, s'il ne leur est remis :

1° Une demande d'admission contenant les nom, profession, âge et domicile, tant de la personne qui la forme que celle dont le placement est réclamé, et l'indication du degré de parenté ou, à défaut, de la nature des relations qui existent entre elles.

La demande est écrite et signée par celui qui la forme; elle est visée par le juge de paix, le maire ou le commissaire de police. En cas d'urgence, le visa n'est exigible que dans les quarante-huit heures de l'admission. Si l'auteur de la demande ne sait pas écrire, celle-ci est reçue par le fonctionnaire dont le visa est réclamé, qui en donne acte.

Si la demande est formée par le tuteur d'un interdit, il doit fournir à l'appui, dans un délai de quinze jours, un extrait du jugement d'interdiction et un extrait de la délibération du conseil de famille prise en vertu de l'article du Code civil.

2° Un rapport au procureur de la République sur l'état mental de la personne à placer, signé d'un docteur en médecine. Ce rapport doit être circonstancié ; il doit indiquer notamment : la date de la dernière visite faite au malade par le signataire, sans que cette date puisse remonter à plus de huit jours ; les symptômes observés et les preuves de folie constatées personnellement par le signataire ; la marche de la maladie, ainsi que les motifs d'où résulte la nécessité de faire traiter le malade dans un établissement d'aliénés et de l'y tenir enfermé.

Ce rapport ne peut être admis s'il a été dressé plus de huit jours avant la remise au chef responsable de l'établissement; s'il est l'œuvre d'un médecin attaché à l'établissement, ou si l'auteur est parent ou allié au second degré inclusivement du chef responsable, ou du propriétaire de l'établissement ou des médecins qui y sont attachés, ou de la personne qui fait effectuer le placement, ou de la personne à placer.

En cas d'urgence, l'admission peut avoir lieu sur la présentation d'un rapport médical sommaire; mais le médecin certificateur doit, dans le délai de deux jours, produire un rapport détaillé, conformément aux dispositions ci-dessus, sous l'une des peines portées à l'article 63 ci-après;

3° L'acte de naissance ou de mariage de la personne à placer ou toute autre pièce propre à établir l'identité de cette personne.

Les pièces qui ne rempliraient pas les conditions ci-dessus prescrites doivent être rectifiées ou complétées dans un délai de quinze jours, sur la demande du directeur de l'établissement ou sur celle du préfet.

ARTICLE 16

Toute personne majeure qui, ayant conscience de son état d'aliénation mentale, demande à être placée dans un établissement d'aliénés, peut y être admise sans les formalités prescrites par l'article 14. Une demande signée par elle et la production d'une pièce propre à constater son identité sont suffisantes.

Si elle ne sait pas écrire, la demande est reçue conformément aux prescriptions du paragraphe 3 de l'article 14.

La personne ainsi admise est soumise aux prescriptions de l'article 18 ci-après, et aux autres dispositions de la présente loi concernant les placements faits sur demande des particuliers.

ARTICLE 19

Aussitôt après les formalités prescrites à l'article précédent, le Procureur de la République adresse ses réquisitions écrites, avec le rapport médical d'admission, les rapports médicaux de vingt-quatre heures et de quinzaine du médecin de l'établissement et l'avis du médecin-inspecteur, au tribunal de l'arrondissement où l'établissement est situé.

Le tribunal statue d'urgence, en Chambre du Conseil, sur la maintenue ou la sortie de la personne placée.

La décision de la Chambre du Conseil est notifiée sur-le-champ au préfet et au chef responsable de l'établissement.

Cette notification doit avoir lieu dans les vingt jours à partir du placement provisoire, à moins que la Chambre du Conseil, estimant qu'elle n'est pas suffisamment éclairée pour statuer, ne déclare, par un jugement motivé, qu'elle surseoit à sa décision pendant un délai qu'elle fixe dans ledit jugement.

ARTICLE 39

Lorsque la sortie d'un des aliénés internés en vertu des articles 36 et 37 est demandée, le médecin traitant doit déclarer si l'interné est ou non guéri, et, en cas de guérison, s'il est ou non légitimement suspect de rechute.

La demande et la déclaration susdites, accompagnées de l'avis motivé du médecin inspecteur, sont déférées de droit au tribunal, qui statue en Chambre du Conseil, conformément à l'article 48 ci-après.

Si la sortie n'est pas accordée, la Chambre du Conseil peut décider qu'il ne sera procédé à un nouvel examen qu'à l'expiration d'un sursis qui ne peut se prolonger au-delà d'une année.

La sortie accordée est révocable et peut n'être que conditionnelle. Elle est alors soumise à des mesures de surveillance réglées par la Chambre du Conseil d'après les circonstances de chaque cas particulier. Si ces conditions ne sont pas remplies ou s'il se produit des menaces de rechute, la réintégration immédiate à l'asile doit être effectuée conformément aux dispositions prescrites par les articles 15 et 28 de la présente loi.

justice pour les améliorations apportées à propos des médecins-directeurs.

Le projet réalise un véritable progrès en consacrant la création de colonies agricoles et d'asiles spéciaux pour les idiots, crétins et les épileptiques.

Ce projet de loi réalise encore un progrès en réglant la situation des aliénés criminels. Mais nous ne pouvons l'approuver dans ses prescriptions relatives aux évasions et au placement de l'aliéné demandant lui-même son internement. Il y a, à ce point de vue, de grosses réserves à faire.

CONCLUSIONS

Le projet de loi voté en première délibération par le
Sénat, et portant révision de la loi du 30 juin 1838,
est d'une façon générale un acte de défiance vis-à-vis
des médecins aliénistes.

La loi de 1838 laissait au médecin toute autorité
dans la question du placement des aliénés, et dans la
gestion des asiles, sous la surveillance de l'autorité
administrative et du Parquet.

Le nouveau projet de loi enlève cette prérogative au
médecin, en ce qui concerne les internements. Le
médecin en effet n'est plus que consulté comme un
expert et c'est le tribunal d'arrondissement qui se
prononcera pour ou contre l'internement. Cette procédure est contraire au bon sens et donnera de mauvais
résultats dans la pratique, source de conflits perpé-
tuels.

La création de quartiers d'observation est imprati-
cable.

Le nouveau projet de loi a compliqué sans raison
les rouages administratifs. Il faut cependant lui rendre

TABLE DES MATIÈRES

INTRODUCTION 5

I
Aperçu général de la loi de 1838 7

II
Des placements 13

III
Des attributions du directeur-médecin en chef 21

IV
De l'hospitalisation des idiots et des crétins 29

V
De l'hospitalisation des épileptiques 35

VI
Des aliénés criminels 39

VII
Articles 6, 8, 14, 16, 19, 39 du projet de loi 47

VIII
Conclusions 54

Besançon. — Imp. Ve F.-J. Bonvalot, F. Rameaux-Mayet successeur.

www.ingramcontent.com/pod-product-compliance
Lightning Source LLC
LaVergne TN
LVHW050105060726
842524LV00003B/940